LK 7/793.

DISCOURS

DE MONSEIGNEUR

L'ÉVÊQUE D'AJACCIO

PRONONCÉS LES 27 JUIN, 1er ET 18 JUILLET 1859,

A L'OCCASION

1° DE LA BÉNÉDICTION DE LA PREMIÈRE PIERRE DE L'ÉTABLISSEMENT
DES FRÈRES DES ÉCOLES CHRÉTIENNES DE BASTIA ;

2° DE L'INAUGURATION DE LA MAISON DES RR. PP. JÉSUITES
DE LA MÊME VILLE ;

3° DE LA DISTRIBUTION SOLENNELLE DES PRIX AUX ÉLÈVES
DU PETIT SÉMINAIRE D'AJACCIO.

BASTIA,
DE L'IMPRIMERIE FABIANI.
—
1859.

DISCOURS

PRONONCÉ

PAR MGR L'ÉVÊQUE D'AJACCIO,

A L'OCCASION

DE LA BÉNÉDICTION DE LA PREMIÈRE PIERRE

DE L'ÉTABLISSEMENT

DES FRÈRES DES ÉCOLES CHRÉTIENNES,

A BASTIA, LE 27 JUIN 1859.

Messieurs et mes Frères,

Parmi les bienfaits dont la Corse est redevable à la France, et qui comme autant de liens sacrés attacheront à jamais nos cœurs avec ceux de nos neveux à la mère patrie, il en est un que la cérémonie de ce jour nous rappelle d'une manière toute spéciale, et que je me plais à proclamer ici le premier de tous, sûr de n'être pas désavoué par cette assemblée d'élite.

La France, après de longs et regrettables retards, a beaucoup fait sans doute pour notre pays, en se l'assimilant. Elle l'a d'abord associé à ses institutions et à sa législation, à son administration et à ses libertés publiques, en l'initiant aux progrès de sa civilisation et à son bien-être. Elle a ensuite répandu libéralement ses trésors dans son sein. Elle a sillonné son sol de magnifiques routes. Elle a enfin, par la haute sollicitude de notre glorieux monarque Napoléon III, rendu la sécurité à nos campagnes, en éteignant le feu de nos discordes et de nos haines meurtrières. Mais, j'ose le dire, elle a fait plus que tout cela encore, elle nous a gratifiés d'un don au-dessus de tous les autres, d'un don qui les couronne tous. Elle nous a fait présent de nos premiers instituteurs et de nos premières institutrices communales. Elle nous a donné les admirables Frères des Écoles Chrétiennes, les pieuses Sœurs de Saint-Joseph et leurs émules les Filles de Marie. Par un dévouement plein d'abnégation que la Foi et la Charité catholique peuvent seules inspirer, peuvent seules soutenir, peuvent seules rendre fécondes en grands résultats et en heureux succès, ces êtres en quelque sorte surnaturels, renonçant à toutes les joies de la famille, à toutes les affections de la patrie, à tous les enchantements du monde, viennent ici se consacrer tout entiers à l'éducation de nos enfants, et s'immoler, pour ainsi dire, eux-mêmes dans les labeurs incessants et les fonctions pénibles de leur modeste et sublime apostolat; et cela sans autre ambition que de faire de nos enfants autant d'enfants de Dieu, en dévèloppant en eux, par la culture de l'intelligence et du cœur, par la culture de toutes les vertus, l'image vivante de leur Père céleste.

Grâce aux persévérants efforts de ces généreux serviteurs du Seigneur, et à la coopération de ceux des instituteurs communaux qui savent marcher sur leurs traces, nos mœurs domestiques s'adoucissent et s'améliorent, nos liens sociaux se retrempent et se fortifient, nos makis et nos montagnes prennent un aspect moins sombre, et la Corse, entrée dans la voie d'un véritable progrès, peut espérer avec confiance un meilleur avenir, en voyant s'élever par des mains si expérimentées et si paternelles les générations nouvelles qui doivent remplacer celles qui s'en vont.

Le premier établissement de Frères fondé dans notre île rappelle la munificence d'un Prince de l'Église dont le nom sera toujours cher à mes compatriotes, non-seulement parce qu'il appartient à la brillante pléiade d'illustrations qui projette sur la Corse un éclat immortel; mais principalement parce que c'est lui qui, avant tous, a transplanté chez nous cette tige précieuse qui fait l'ornement de notre terre natale, et dont nous admirons à bon droit, partout où elle a pris racine, les fruits abondants, salutaires et suaves.

Aussi après avoir payé, au nom de la Religion et de la patrie, le juste tribut de notre reconnaissance au saint institut des Frères des Écoles Chrétiennes

*

(devenu désormais l'une de nos plus belles gloires nationales), dois-je féliciter, Messieurs, le sage et intelligent administrateur de votre arrondissement, la municipalité de votre ville, ainsi que son vertueux et digne chef, de l'heureuse pensée qu'ils ont eue de bâtir à ces zélés et habiles précepteurs, à ces excellents nourriciers de votre florissante jeunesse, à ces puissants auxiliaires de notre laborieux épiscopat, une habitation plus vaste, plus saine et plus digne de sa destination. Vous n'avez point reculé, Messieurs, devant la grandeur de la dépense, ni devant l'exiguïté de vos ressources. Un appel a été fait à la population : la population y a promptement et noblement répondu. Vous vous êtes tous levés comme un seul homme : chacun a voulu apporter une pierre à l'édifice. Grâce à ce concert spontané, unanime et universel; grâce aussi au concours empressé et sympathique que les hauts dignitaires de notre département vous ont prêté avec une libéralité digne de tout éloge, votre œuvre s'accomplira. C'est une œuvre éminemment patriotique et populaire ; une œuvre marquée au double coin de l'utilité publique et de l'intérêt religieux. Dieu la bénira : elle grandira donc et prospérera. Semblable au grain de sénevé de l'Évangile, la pierre que nous voulons bénir en ce moment, et qui demeurera cachée sous terre, deviendra la racine d'un grand arbre sur les rameaux duquel les oiseaux du ciel viendront se reposer, et dont l'ombre tutélaire protégera vos familles et votre cité.

C'est dans ce but, Messieurs, que répondant à vos vœux, aux vœux de nos chers Frères, nous nous sommes hâté de venir mêler nos prières aux vôtres, et répandre nos bénédictions sur les fondements du nouvel édifice qui va s'élever à côté de celui que nous inaugurerons bientôt sur le même terrain.

Les Frères des Écoles Chrétiennes, ces humbles enfants et fidèles disciples du bienheureux La Salle devront ce bon voisinage à la générosité des nobles fils de Saint-Ignace, lesquels ont bien voulu partager avec eux les avantages et la propriété de leur emplacement. Ce trait de sympathie fraternelle est un nouveau sujet d'édification offert à la ville de Bastia, et une garantie de plus pour la stabilité et la prospérité des deux fondations.

DISCOURS

PRONONCÉ

PAR MGR L'ÉVÊQUE D'AJACCIO,

A L'OCCASION DE L'INAUGURATION

DE LA

MAISON DES RR. PP. JÉSUITES DE BASTIA,

Le 1er Juillet 1859.

Messieurs et Tres-chers Frères,

L'année dernière, presque à la même époque, non loin du lieu où nous sommes, une grande solennité s'accomplissait au sein d'un magnifique bâtiment devenu un des ornements les plus majestueux de la ville de Bastia. — La Justice, par l'organe du Chef bien-aimé de notre Magistrature, suppliait la Religion de bénir son entrée en possession du nouveau Palais qu'on venait de lui ériger. — Député pour ce sublime ministère, nous appelions de toute l'ardeur de nos désirs les faveurs du Ciel sur ce bel édifice et sur les magistrats qui devaient y prononcer désormais leurs arrêts. — Nous nous plaisions à saluer alors, et nous aimons à regarder encore cette fête imposante, comme l'augure d'un meilleur avenir pour notre pays.

Une cérémonie plus modeste dans son objet, mais non moins excellente dans son but, nous appelle aujourd'hui au milieu de vous, Messieurs, pour y exercer encore une fois une des plus douces fonctions de notre mission pastorale, la fonction de bénir et de sanctifier.

Quoique la solennité de ce jour n'ait ni la même pompe, ni le même prestige que celle dont nous venons de rappeler le souvenir, votre présence ici, Messieurs, celle surtout des deux Magistrats que leur mérite et leurs qualités éminentes ont placés à la tête de l'administration de la Justice dans notre ressort; la présence de l'habile administrateur de votre arrondissement et du citoyen dévoué, auquel est confiée la gestion des intérêts de votre cité; la présence de tant d'honorables personnes appartenant aux classes les plus distinguées de la société; le recueillement enfin de cette pieuse et nombreuse assistance, témoignent hautement que vous y attachez un grand prix et un égal intérêt.

Heureux d'associer toujours mes sympathies aux vôtres, ai-je besoin, Messieurs, de les justifier dans cette conjoncture? Ne me suffit-il pas de les manifester aux yeux de vos concitoyens, aux yeux de la Corse entière, qui ne saurait être indifférente à la fondation que nous célébrons en ce moment?

Après une longue absence causée par des événements de douloureuse mémoire, le saint institut dont nous inaugurons le rétablissement au milieu de nous, a voulu renouer, par une générosité supérieure à tous les sacrifices, la chaîne antique de ses traditions dans notre île. — Que faut-il de plus pour le recommander à votre affection et à votre estime, à l'estime et à l'affection de tous nos diocésains? Les enfants de saint Ignace, de tous les temps et de tous les pays, se recommandent assez eux-mêmes par leurs œuvres immortelles, étendues comme la terre, éclatantes comme le soleil. Quelle partie du globe n'a pas ressenti la salutaire influence de leur parole évangélique, en dépit de toutes les difficultés semées sur leurs pas? Aucun obstacle ne les arrête; aucune fatigue ne les lasse; aucune privation ne les affaiblit; aucune persécution ne les décourage; le martyre lui-même les féconde et les multiplie, parce que la charité qui les inspire est plus forte que la mort. Est-il une misère, une infirmité au soulagement de laquelle ils ne se soient consacrés? Quel est le théâtre de douleurs physiques et d'angoisses morales, où on ne les ait vus déployer leur zèle et leur dévouement? Partout où il y a des souffrances à soulager, des larmes à essuyer, des espérances à ranimer, des consolations à départir, on est sûr de les y rencontrer. Toujours semblables à eux-mêmes, toujours dignes de leur nom et de leur origine, l'esprit de leur saint fondateur s'est maintenu parmi eux en tout temps, sans interruption comme sans défaillance. Tels on les vit, au début de leur institution, dans les contrées sauvages de l'Amérique, luttant à la fois contre le climat et les mœurs de ces peuplades nomades et anthropophages, pour les transformer et les civiliser, tels on les voit de nos jours, au milieu des nations païennes et barbares de l'Asie, s'élancer sur les glorieuses traces de l'apôtre des Indes, un de leurs plus illustres héros, ne reculant devant aucun sacrifice, et affrontant tous les dangers pour agrandir le domaine de la civilisation avec celui du christianisme. Nos champs de bataille et nos hôpitaux militaires de Crimée, aussi bien que les plages brûlantes de nos possessions de Cayenne sont là pour attester à quels périls, à quels labeurs ils savent s'exposer, pour secourir tous les genres d'infortunes, à quelques degrés de l'échelle sociale qu'elles appartiennent.

Si la société leur est si redevable pour tous les actes généreux exercés à son bénéfice dans l'ordre temporel, elle leur doit bien davantage pour des bienfaits d'un ordre supérieur.

Riches des dons du génie autant que de ceux de la charité, que n'ont-ils pas fait dans l'intérêt des arts, des sciences et des lettres? De combien de monuments n'ont-ils pas enrichi les diverses branches des connaissances humaines? Et, ce qui vaut infiniment mieux, quels services n'ont-ils pas rendus et ne rendent-ils pas encore en se vouant à l'œuvre laborieuse de l'éducation de la jeunesse? Que de sujets remarquables sont sortis de leurs mains industrieuses, si habiles et si expérimentées dans l'art, je ne dis pas seulement de former des savants (ce serait trop peu), mais de faire des *hommes;* des hommes dans toute la force et l'énergie du mot; des hommes animés de la crainte de Dieu et de l'amour de leurs frères; des hommes chastes, tempérants, modestes, amis du travail et attachés à la pratique de tous les devoirs; des hommes, en un mot, façonnés pour être bons de toutes les manières et dans tous les états! Aussi, ont-ils retrouvé sous le régime réparateur, à l'ombre duquel la France respire enfin après tant d'orages, toute la liberté dont ils avaient besoin pour accomplir chez nous leur bienfaisante mission.

Sans nous arrêter à tous les genres de bienfaits que les disciples de saint Ignace ne cessent de répandre au sein des populations qui ont le bonheur de les posséder; sans interroger le passé sur tous les actes mémorables dont leur histoire est remplie, et qui, malgré les manœuvres de l'injustice et de la calomnie, leur assurent à jamais la reconnaissance publique, bornons-nous, Messieurs, à signaler le bien que leur établissement renaissant promet à notre île, et en particulier à la ville de Bastia, et acceptons comme garantie de nos espérances le bien que ces hommes apostoliques ont opéré déjà dans le diocèse, durant le court espace qui s'est écoulé depuis que la divine Providence nous les a rendus. Leurs devanciers ont laissé sur notre sol de nobles vestiges de la ferveur de leur zèle et de leur dévouement, que le temps n'a pu effacer. — Héritiers de leur esprit et continuateurs de leurs œuvres, ceux qui se donnent à nous aujourd'hui, trouveront chez nous des cœurs amis et reconnaissants, toujours disposés à mettre à profit les leçons et les exemples de ces *maîtres-modèles*. Puissent-ils recueillir, autant et plus encore que leurs prédécesseurs, des fruits abondants de leur saint apostolat! Puisse le sanctuaire, au foyer duquel s'alimenteront désormais leurs vertus religieuses et évangéliques, conserver à jamais le trésor de bénédictions dont nous venons de lui confier le dépôt, au nom de celui de qui découlent tout don parfait et toute grâce excellente! Puisse la bonne odeur qui s'en exhalera sans cesse attirer et sanctifier tous les cœurs! Que cette cité enfin et l'île tout entière y trouvent un palladium de plus pour protéger leurs destinées!

Ces vœux sont d'autant plus ardents que nous

avons appris, dès les premières années de notre adolescence, à estimer et à chérir la Compagnie de Jésus, par les épreuves mêmes qu'elle a traversées, autant que par les services innombrables qu'elle a rendus, unique vengeance qu'elle ait tirée de ceux qui l'ont méconnue. Plus le parti des ennemis de Dieu et de l'Église, qui par bonheur ne compte aucun adhérent dans notre pays, se montre injuste et ingrat à l'égard des disciples du grand Ignace de Loyola, envers cet institut qui a enfanté des légions de confesseurs de la foi, et à qui l'humanité doit tant et de si grands services, plus nous nous sentons porté à l'aimer, à le vénérer du fond le plus intime de notre âme. — Nous sommes sûr, Messieurs, que vous puiserez comme nous dans ces considérations de nouveaux motifs pour vous y attacher par les mêmes sentiments et les mêmes sympathies. Telle est notre confiance que rien au monde ne saurait ébranler.

Courage donc, nos bons et vénérés Pères! Persévérez dans votre sainte entreprise; et comptez toujours sur notre attachement et notre gratitude. Vous y avez des droits sacrés et imprescriptibles.

DISCOURS

PRONONCÉ

PAR MGR L'ÉVÊQUE D'AJACCIO

A L'OCCASION

DE LA DISTRIBUTION SOLENNELLE DES PRIX,

AU PETIT SÉMINAIRE, LE 18 JUILLET 1859.

Après une longue tournée dans une des plus florissantes provinces de notre île, où nous avons recueilli naguère plus d'une consolation, nous nous sommes hâté d'arriver pour partager avec vous, mes enfants, et avec vos dignes maîtres les jouissances de cette solennité qui termine le cours de votre année scolaire.

Nous tenions à vous départir, avant que vous vous séparassiez, une dernière bénédiction dans toute l'effusion de notre âme; nous tenions à vous adresser une parole d'adieu avec ce qui nous reste d'une voix épuisée et presque éteinte par les fatigues de notre course pastorale.

Nous voyons avec satisfaction que vos rangs sont toujours nombreux et pressés. En dépit des inventions forgées dans les basses régions d'une littérature d'emprunt et de mauvais goût, nos écoles ecclésiastiques n'ont rien perdu de l'estime et de la considération dont le pays tout entier les entoure depuis leur origine.

Nous nous félicitons d'apprendre que la plupart d'entre vous, chers enfants, fidèles à leurs antécédents, et s'avançant avec persévérance dans la carrière des études, ont noblement accompli leur tâche. C'est la meilleure réponse à donner à ceux qui ont des yeux et ne voient pas, qui ont des oreilles et n'entendent pas, qui ont un cœur et ne sentent pas. C'est, en un mot, la démonstration la plus propre à confondre les esprits rebelles à la perception de toute vérité.

Quelque pénibles que soient les sollicitudes de notre mission, le spectacle que vous nous offrez aujourd'hui les adoucit et nous les fait, pour ainsi dire, oublier. Nous détournons volontiers notre pensée du présent, pour contempler l'avenir que vous nous promettez. Continuez, chers enfants, de vous montrer reconnaissants des soins qui vous sont prodigués dans cette maison, et de justifier la constante et paternelle affection dont vous êtes l'objet.

Vous allez vous reposer de vos travaux dans vos foyers : dédommagez vos parents de leurs sacrifices, en les édifiant par une conduite pieuse et irréprochable.

Que le Ciel vous couvre de sa protection au milieu des périls des vacances, et vous ramène pleins de force et d'ardeur dans cet asile de la science et de la vertu, pour y reprendre vos cours classiques avec un surcroît de chances de succès !

Les récompenses qui vous attendent seront un puissant aiguillon pour exciter votre émulation et vous porter à en mériter chaque année de nouvelles : quelque modestes qu'elles soient, elles sont toutes dignes de votre ambition. Les suffrages de cette nombreuse et brillante assemblée où figurent tant de personnes distinguées, les témoignages d'intérêt et de sympathie dont elle vous honore, ajoutent un grand prix aux couronnes que nous allons vous décerner.

Si jamais, en les recevant, la pensée vous venait de les avoir trop chèrement achetées par les labeurs de plusieurs mois de fatigues, songez aux luttes bien autrement pénibles, aux combats meurtriers que vos compatriotes et nos frères ont soutenus, il y a peu de jours, dans les plaines d'Italie, pour conquérir des lauriers dont bientôt ils vont revenir le front ceint, aux applaudissements de la France, fière de voir revivre dans cette nouvelle génération de héros son grand Napoléon et son antique, sa vaillante armée.

Vous trouverez sans doute, mes chers enfants, votre condition bien douce auprès de la leur. Efforcez-vous de les égaler sinon par l'éclat de vos succès, du moins par la ferveur et la constance de votre dévouement dans la pratique du devoir, afin qu'un jour vous soyez, à leur exemple, l'ornement de la milice à laquelle vous appartenez.

Dieu, sachez-le bien, pèse tous les mérites dans la balance de sa justice suprême; il n'en laissera aucun sans récompense. Élevez jusqu'à lui vos aspirations pour ne jamais défaillir dans vos épreuves; et acceptez les prix que nous vous donnons ici-bas comme un gage et un faible à-compte de ceux qu'il nous prépare dans son éternité.

Parmi les prix qui, dans ce moment, brillent à vos yeux, il en est un, mes enfants, qui doit faire battre vos cœurs plus que tous les autres : c'est le prix réservé au plus sage. Nous aimons d'autant plus à vous en signaler ici la valeur, qu'il vous rappelle de bien précieux souvenirs. La munificence de ses illustres fondateurs l'a destiné à perpétuer parmi vous la mémoire d'un jeune Prince modèle, qui après avoir été leur délice et leur espérance la plus douce, devint hélas! trop tôt la cause de leurs inconsolables regrets. Vous connaissez sa vie si intéressante, et sa mort si prématurée : marchez sur ses traces, et vous serez la joie de vos familles, la gloire de votre patrie, la couronne de ceux qui se dévouent avec tant de zèle et d'habileté à la culture de vos cœurs et de vos intelligences.

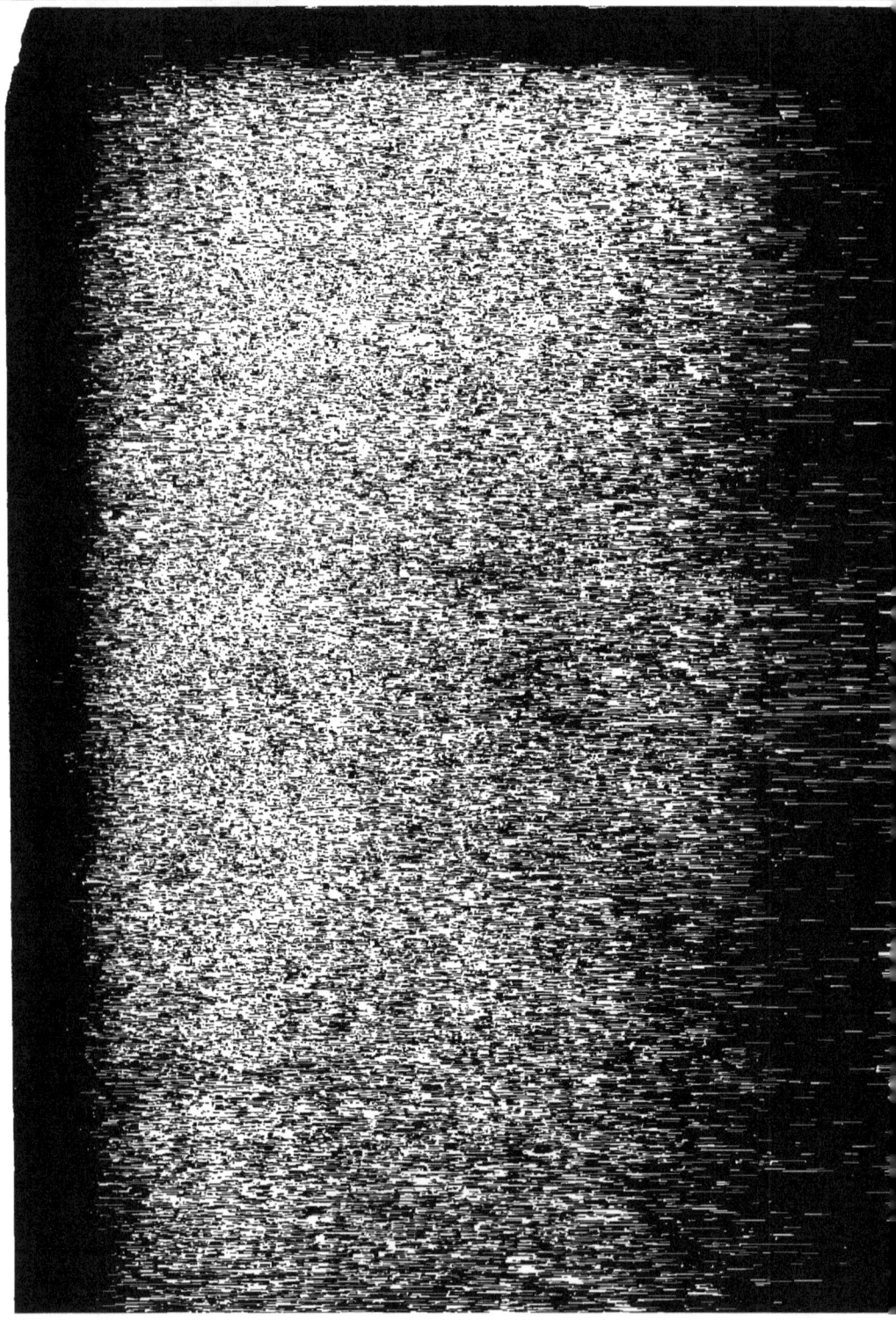

www.ingramcontent.com/pod-product-compliance
Lightning Source LLC
Chambersburg PA
CBHW060556050426
42451CB00011B/1939